AF500544

RESULTAT
DES SÉANCES
DES ÉTATS,
DE BRETAGNE,

CONVOQUÉS A RENNES PAR SA MAJESTÉ

SUIVI

DE LA RÉPONSE DU ROI,

DONNÉE aux Députés du Parlement de Bretagne le 25 janvier 1789.

1789.

RÉSULTAT
DES SÉANCES
DES ÉTATS DE BRETAGNE,

Convoqués à Rennes par Sa Majesté,

Au vingt-neuf Décembre 1788.

LES Ordres de l'Eglise & de la Noblesse assemblés aux Etats de Bretagne ne doivent point se permettre de répondre aux Ecrits dans lesquels on s'efforce de détruire le rang honorable qu'ils occupent. Ils ne rechercheront pas dans les siecles passés, quels furent les événemens qui troublerent le bonheur de la France. Des hommes de toutes les classes de la Nation furent trop souvent le jouet infortuné des intrigues des Cours; mais l'heureuse Constitution de cette Province n'a jamais pu être la cause des malheurs trop réels dont le Royaume eut tant de fois à gémir.

Les trois Ordres de la Nation déliberent dans cette auguste Assemblée, & chacun de ces trois Ordres donne un consentement nécessaire à toute Législation nouvelle, soit en matiere d'impôts, soit en matiere d'administration & de police.

Les Ordres de l'Eglise & de la Noblesse n'ont jamais gêné la liberté du troisieme Ordre; protecteurs au contraire de cette liberté qui fait la force de la Constitution, quand les besoins de l'Etat firent ériger en finance les Offices de Maires dans le Villes, & que le Roi vendit à ces Maires le droit de les représenter aux Etats, ce furent les Ordres de l'Eglise & de la Noblesse qui rédigerent des Mémoires, qui firent les démarches les plus vives pour s'opposer au vice introduit par-là dans l'organisation de l'Ordre du Tiers; ils s'éleverent avec force contre l'arrêt du Conseil qui substituoit à des Députés élus librement par les Villes, des Officiers très-souvent dignes de confiance, mais qui n'avoient pas le caractere que la raison exige; un choix libre de la part de ceux qui sont représentés.

Si l'Ordre du Tiers peut désirer d'être représenté par un nombre plus considérable de Votans dans l'Assemblée des Etats, ce vœu qu'il n'y a jamais exprimé jusqu'à présent, qui ne changeroit pas la Constitution, n'a point été repoussé. C'est avec le consentement des Etats, que, de nos jours, les Communautés de Lorient & du Port-Louis y ont envoyé des Députés; & les Etats, dans le réglement qu'ils ont fait en 1786, établissent la faculté d'augmenter les Représentans des villes dans l'Ordre du Tiers. Le nombre des Agrégés à leurs Députés n'a jamais été limité; les Villes qui les nomment, n'ont jamais éprouvé de réclamations de la part de l'Assemblée; elle a même souvent regretté d'y voir trop peu de ces hommes utiles qui, par de grandes vues de commerce, peuvent vivifier l'intérieur de la Province.

Ce n'est point par des attaques injurieuses qui enveloppent l'universalité des Membres de deux Ordres respectables, que des Citoyens, s'ils sont amis du bien public, doivent chercher à rendre plus avantageuse la Constitution Bretonne.

Ce n'eſt point à des Ecrits anonymes & ſéditieux qu'il convient de s'arrêter. Que l'attachement des deux Ordres à leurs droits dans les Aſſemblées Nationales, ne ceſſe pas, un inſtant, d'être uni à leur dévouement ſincere aux intérêts d'un Peuple que l'excès des impôts rend malheureux. Tel eſt le ſeul moyen, vraiment digne des deux Ordres, de répondre à des déclamations offenſantes. Qu'on ſe rappelle que, pour ſoulager le Peuple de la ſurcharge de la Capitation, cauſée par l'établiſſement des quatre ſous pour livre, le Clergé s'unit à la Nobleſſe pour convertir cette taxe dans un impôt ſur les conſommations; impôt auquel le Clergé a participé. L'on doit ſe rappeler encore que, dans la derniere tenue, ce fut du ſein des Ordres de l'Egliſe & de la Nobleſſe que ſortirent les Ecrits qui préparoient les moyens d'éteindre la Corvée, pour le ſoulagement des campagnes. Conſulter les beſoins de l'Etat & les reſſources du Peuple, en faire la regle de leurs Délibérations, voilà ce que l'Etat a droit d'attendre des Repréſentans de la Nation; & s'il eſt des diſtinctions dont les Ordres de l'Egliſe & de la Nobleſſe ſoient jasoux, ils le seront toujours de faire connoître qu'elles peuvent se concilier avec la premiere de toutes aux yeux de l'Europe, celle d'être Citoyens & François.

Qu'il s'est écoulé peu de temps, depuis que les trois Ordres de la Bretagne, unissant leurs communs efforts, coopéroient, dans une parfaite union, à la réintégration de la Magistrature, au maintien des Lois ! Cette union des trois Ordres, avant la convocation de cette Assemblée, paroissoit devoir préparer une séance d'Etats la plus majestueuse, où chacun, oubliant des malheurs éprouvés pour le triomphe de la Justice, n'auroit qu'à célébrer la bienfaisance éclairée du Monarque, & la générosité des Citoyens qui s'étoient dévoués pour la gloire de son regne. Des Membres de l'Ordre du Tiers avoient été enveloppés dans la proscription générale; plus rigoureusement traités que les autres détenus, la Noblesse partagea leurs peines, réunit ses plus vives sollicitations pour leur liberté ; & ce fut par ses soins que l'humanité pénétra au fond de leurs cachots : ces hommes honnêtes ne le désavoueront pas. Ainsi, une union fraternelle réunissoit les Membres des trois Ordres, par le titre commun de Citoyens. Telle étoit l'heureuse disposition des esprits, lorsque les Etats de Bretagne furent convoqués par le Roi, & assignés au 27 octobre dernier.

Par quelle fatalité cette assignation des Etats a-t-elle été changé, pour en reculer le terme de deux mois ? & par quelle fatalité plus grande encore cet intervalle de temps n'a-t-il été employé qu'à semer des troubles dans toutes les parties de la Province, & à y détruire la paix que le Roi avoit donnée ?

Gémissons sur ces malheurs ; mais, sans abandonner la chose publique, opposons à des calomnies qui, pour noircir les deux premiers Ordres, recherchent les erreurs des siecles éloignés, toutes les vertus dont le Clergé Breton donna, dans le siecle présent, des exemples ; toutes les vertus qu'un Gentilhomme doit au Peuple, au dessus duquel il est élevé : courage, sensibilité, & bienfaisance ; & sur-tout apprenons à toute la France, dans ces momens difficiles, que les deux premiers Ordres, en Bretagne, ne furent jamais les oppresseurs du Peuple ; leur premier devoir fut toujours de le défendre & de le secourir, en échange des services que, par ses occupations paisibles, il rend à la société.

L'Assise des États ayant été renvoyée au 29 décembre 1788, chacun des trois Ordres s'est rendu à cette assignation dans la salle ordinaire des Etats.

La marche de cette Assemblé, depuis son ouverture jusqu'à la clôture de ses séances, est déterminée par des réglemens. Aucuns de ces réglemens ne sont établis que par le concours & le consentement unanime des trois Ordres, il faut pareillement le consentement unanime des trois Ordres pour les abroger ou les modifier. Les réglemens faits par les Etats ont la sanction du Roi. Toutes ces précautions sont la sauve-garde de la Constitution.

Les derniers réglemens des Etats, qui sont une collection des anciens, ont été recueillis dès l'année 1770; & c'est après seize ans que les trois Ordres, trouvant qu'ils conservoient leurs droits respectifs, ont obtenu, en l'année 1786, l'Arrêt du Conseil, qui, leur donnant l'approbation de Sa Majesté, a assuré de plus en plus l'autorité qui les protege.

Ces connoissances sont indispensables pour apprécier les difficultés qui suspendent l'activité des séances des Etats,

& qui ont amené la défection absolue de l'Ordre du Tiers.

Le 29 décembre, les Etats convoqués ont nommé, conformément au réglement, six Commissaires de chaque Ordre, pour aller inviter MM. les Commissaires du Roi à faire l'ouverture des séances.

Les Commissaires du Roi sont entrés aux Etats, & leur ont remis la commission générale, qui contient plusieurs demandes de Sa Majesté.

Le mardi 30 décembre, après la célébration de la Messe du Saint-Esprit, MM. les Commissaires du Roi sont entrés, de nouveau, dans l'Assemblée; ils ont fait la demande du Don Gratuit de deux millions de livres, à raison d'un million pour chacune des années 1789 & 1790. MM. les Commissaires du Roi étant sortis de l'Assemblée, les Ordres se sont retirés aux Chambres pour délibérer sur la demande du Don Gratuit, & chacun des Ordres ayant délibéré de le consentir, les Ordres étant de retour de leurs chambres, la délibération des Etats formée par le consentement unanime dans chacun des trois Ordres, a été prononcé ainsi qu'il suit:

« Les Etats, après avoir délibéré aux
» Chambres sur la demande du Don
» Gratuit, désirant donner à Sa Majesté
» de nouvelles preuves de leur amour
» & de leur dévouement pour la prospérité
» de l'Etat, ont unanimement
» accordé & accordent deux millions
» de livres ».

Dans cette même séance, M. du Boberil, Procureur Général Syndic, a représenté que la Ferme du Droit sur les Boissons, connue sous le nom de Devoirs, expire au premier janvier prochain, & que, lorsque les Etats se trouvoient dans l'impossibilité de renouveler un nouveau bail avant l'expiration du bail courant, ils étoient dans l'usage d'ordonner, jusqu'à l'adjudication, une régie provisoire.

Les Etats, après avoir délibéré, ont ordonné & ordonnent que la perception & régie des Devois, Impôts, Billots & Droits y joints, sera faite & continuée pendant une Tierce seulement, sans qu'elle puisse l'être au delà de ce terme, sans une délibération ultérieure des Etats....... protestant contre toute perception ultérieure qui seroit faite sans le consentement des Etats, comme illégale & concussionnaire (1).

Après cette délibération, M. l'Evêque de Rennes a représenté que la Commission Intermédiaire étoit chargée de beaucoup d'affaires intéressantes pour la Province, auxquelles il étoit nécessaire de pourvoir, & a proposé aux Etats de continuer, à cet effet, les pouvoirs qui furent donnés à ladite Commission pendant la derniere tenue.

En exécution de ce qui est prescrit

---

(1) Les Devoirs sont un Impôt sur les Boissons de la Province, destiné, entre autres, à acquitter le Don Gratuit de deux millions accordé au Roi, les arrérages d'une partie de la dette de la Province, les gages du Parlement & de la Chambre des Comptes, une partie des fonds destinés au soulagement de la corvée, le secours extraordinaire de 1,925,000 liv. & toutes les dépenses économiques de la Bretagne.

Les Etats n'ont consenti la prorogation de cette levée que pour deux mois : la défection de l'Ordre du Tiers, si elle subsistoit au delà des deux mois, feroit cesser la perception, anéantiroit le gage des créanciers de Bretagne, mettroit les Etats dans le cas de violer leurs engagemens : perspective cruelle, qui doit donner une inquiétude générale.

par les réglemens, cette propoſition fut miſe en délibération à la pluralité des deux Ordres de l'Egiſe & de la Nobleſſe. Dans de ſemblables circonſtances, l'avis de deux Ordres de mettre un objet en délibération, oblige le troiſieme de délibérer, quoique contre ſon avis; telle eſt la loi des Etats.

Le Préſident de l'Ordre du Tiers a obſervé, au nom de ſon Ordre, qu'il avoit des demandes à faire à l'Aſſemblée, & qu'il déclaroit qu'il ne prendroit aucune part à aucune affaire des Etats, qu'il n'eût été préalablement délibéré ſur ſes demandes, *qu'il n'y eût été fait droit.*

Les deux Ordres de l'Egliſe & de la Nobleſſe ont déclaré à MM. de l'Ordre du Tiers qu'il étoit juſte qu'ils fuſſent entendus; mais qu'il étoit preſſant d'aſſurer le ſervice public ſuſpendu, parce que les pouvoirs des Commiſſions Intermédiaires ceſſent à l'ouverture des Etats, s'ils ne ſont pas autoriſés de nouveau par une délibération expreſſe. L'Ordre du Tiers ne ſe rendant point à ces raiſons, & refuſant de délibérer l'autoriſation des Commiſſaires Intermédiaires, l'Ordre de l'Egiſe, afin de donner le temps à MM. du Tiers de ſe réunir aux deux Ordres, a demandé, ſuivant le réglement, qu'il fût retardé à délibérer au lendemain, & la ſéance a été levée.

Du mercredi 31 décembre.

L'Ordre du Tiers perſiſtant à ne vouloir point délibérer ſur la propoſition convenue en délibération le jour d'hier, les Etats, par la réunion des avis de l'Egliſe & de la Nobleſſe, ont arrêté de continuer les pouvoirs des Commiſſions Intermédiaires.

Dans les formes des Etats, & ſuivant leurs réglemens, il y a des délibérations qui exigent l'avis unanime des trois Ordres pour être conſommées, & des délibérations, moins importantes, qui ſe décident à la pluralité de deux Ordres contre le vœu du troiſieme; dans ce cas, celui-ci peut demander acte de ſon avis. Cet acte peut lui être accordé ou refuſé; s'ils ne l'obtient pas, il peut le conſtater par le miniſtere des Notaires.

L'Ordre du Tiers a demandé acte de ſon avis après la délibération prononcée. Il lui a été refusé par les deux autres Ordres ; ils en avoient le droit, selon les réglemens.

Mais l'Ordre du Tiers, par la demande de l'acte de son avis, a reconnu la délibératiou des Etats ; cependant il ne l'a point voulu exécuter. Les Commissaires Intermédiaires de l'Ordre du Tiers ont cessé d'assister aux Commissions;& par cet abandon, toute administration publique est suspendue en Bretagne ; les Commissaires des deux autres Ordres aux Comissions Intermédiaires, attendent la présence du Tiers-Etat, qui ne se croit plus lié, à ce qu'il paroît, par les délibérations de l'Assemblée des Etats, & semble, dès-lors, avoir formé le projet d'anéantir la Constitution.

Les deux Ordres de l'Eglise & de la Noblesse, espérant encore que les refus de l'Ordre du Tiers de se réunir aux délibérations qu'il avoit été jugé nécessaire de prendre, ne provenoient que du désir de faire entendre ses demandes, lui annoncerent leurs dispositions à les écouter, en lui déclarant qu'il étoit préalablement nécessaire de nommer les deux Commissaires de chaque Ordre qui doivent signer les registres des Etats. La chiffrature des regiſtres par ces Commiſſaires eſt auſſi eſſentielle que la ſignature des trois Préſidens des Etats ; auſſi les réglemens preſcrivent-ils la nomination de ces Commiſſaires dès l'ouverture de l'Aſſemblée. Les trois Préſidens ne ſignent que la fin des ſéances, précaution qui ſeroit inſuffiſante, ſi les Commiſſaires de la chiffrature ne paraphoient pas chacune des pages du regiſtre. Déjà la délibération, pour l'accord d'un Don Gratuit de deux millions, y étoit portée avec d'autres délibérations importantes ; il étoit preſſant de remplir une formalité auſſi eſſentielle, & impérieuſement exigée par le réglement.

Les Ordres de l'Egliſe & la Nobleſſe ont mis cet objet en délibération. M. le Préſident du Tiers a dit, au nom de ſon Ordre, que « perſiſtant dans ſes précé» dentes déclarations, il l'avoit chargé
» de déclarer qu'il ne pouvoit prendre
» part à aucunes délibérations, qu'après
» que les Etats auroient entendu ſes
» repréſentations ».

On a oppoſé de la part de la Nobleſſe, au refus de l'Ordre du Tiers, les diſpoſitions de l'article 6 du chapitre 5 du réglement des Etats, conçu en ces termes :

« Lorsqu'à la pluralité des Ordres,
» il aura été arrêté de former une Com-
» mission, les trois Ordre seront tenus
» de nommer des Commissaires, nonobs-
» tant la réclamation de l'un des Ordres
» contre ce qui aura été ainsi arrêté à
» la pluralité ».

Après la lecture de cet article, M. le Président de la Noblesse a invité MM. du Tiers à s'y conformer.

M. le Président du Tiers a pris les voix dans son Ordre, & a dit, « Que
» MM. du Tiers l'avoient chargé de
» déclarer qu'*il leur étoit défendu d'en-*
» *trer dans une autre discussion, & qu'il*
» *lui étoit défendu à lui-même de répon-*
» *dre à aucunes observations* ».

Aux nouvelles instances qui ont été faites par M. le Président de l'Eglise, M. le Président du Tiers est retourné aux voix dans son Ordre, & a dit, « qu'il
» persistoit dans ses précédentes décla-
» rations; qu'en conséquence il ne nom-
» meroit point de Commissaires ».

Cette insistance de la part de l'Ordre du Tiers est absolument opposée au Réglement des Etats de l'année 1734, & à celui de 1786.

La Délibération dont il s'agit étoit

du nombre de celles qui ne requierent point l'unanimité, mais seulement la pluralité de deux Ordres; cependant le refus de l'Ordre du Tiers de nommer ses Commissaires, rendoit l'exécution de la Délibération incomplette.

Lorsqu'un Ordre des Etats se refuse à l'exécution des Réglemens, il fait, contre justice, la loi aux deux autres Ordres. Le Roi, par son Arrêt du Conseil du 8 décembre 1786, a prévu ce cas. L'art. 8 de cet Arrêt dispose: « Les Commissaires de Sa Majesté veilleront, avec la » plus grande attention, à ce qu'aucun » des Ordres n'usurpe le droit de donner » des Lois aux autres, à l'effet de con- » server aux trois Ordres réunis, & à » chacun en particulier, l'indépendance » absolue de toute autre autorité que » celle de Sa Majesté; & si quelqu'un » y donnoit atteinte, lesdits Commis- » saires en rendront compte à Sa Majesté, » afin qu'elle y pourvoie suivant les cir- » constances ».

Dans cet état des choses, MM. les Commissaires du Roi étant instruits de l'inaction de l'Assemblée, ont mandé un de MM. les Procureurs-Généraux-Syndics, lequel, de retour, a rap porté

porté que MM. les Commiſſaires du Roi lui avoient remis, par écrit, un ordre dont la teneur ſuit :

« MM. les Commiſſaires du Roi, inſ-
» truits par M. le Procureur-Général-
» Syndic, de l'état où ſe trouve l'Aſ-
» ſemblée, enjoignent, de la part de
» Sa Majeſté, à l'ordre du Tiers-État,
» de ſe conformer à l'article 6 du cha-
» pitre 5 du Réglement, & de pro-
» céder en conſéquence à la nomina-
» tion de ſes Commiſſaires pour la chiſ-
» frature des regiſtres des États. *Signé*
» le Comte DE THIARD, DE CATUEL-
» LAN, & DU FAURE ».

Après la lecture duquel ordre, M. le Préſident du Tiers ayant encore pris l'avis de ſon Ordre, a énoncé qu'il l'avoit chargé de dire, que ledit Ordre du Tiers perſiſtoit dans ſa déclaration d'être ſans pouvoirs. Sur laquelle derniere déclaration, les Etats, en conſéquence du refus de l'Ordre du Tiers de nommer des Commiſſaires en exécution dudit Réglement, ont nommé & nomment, dans leurs Ordres, les Commiſſaires pour chiffrer & milléſimer, par premier & dernier feuillet, la minute des Délibérations de la présente tenue.

Du Jeudi premier Janvier 1789.

M. du Boberil, Procureur-Général-Syndic, a dit, qu'il étoit chargé de donner connoissance à l'Assemblée de la déclaration suivante :

« MM. les Commissaires du Roi chargent M. le Procureur-Général-Syndic de déclarer aux Etats qu'ils vont faire partir un Courrier, pour informer Sa Majesté du refus fait par l'Ordre du Tiers d'obéir à l'ordre qui leur a été notifié, de la part du Roi, d'exécuter le Réglement des Etats relatif à la nomination de la Commission, pour chiffrer & millésimer le Registre de la présente tenue.

» Ils chargent en même temps M. le Procureur-Général-Syndic, de déclarer à l'Assemblée, qu'instruits des mouvemens tumultueux qui eurent lieu hier, tant dans la Tribune qu'aux environs de la Salle des Etats, ils ne sauroient tolérer de pareils abus, & que s'ils se renouvelloient, ils feroient obligés de prendre, de concert avec les Etats, les mesures nécessaires pour interdire l'entrée de la Tribune, & faire cesser toute espece de trouble contraire à la décence & au respect dû à la dignité de l'Assemblée. Fait à Rennes, le 1er Janvier 1789. Le Comte DE THIARD, DE CATUELLAN, & DU FAURE ».

De laquelle déclaration de MM. les Commissaires du Roi, lecture ayant été faite, M. l'Evêque de Rennes, au nom de l'Ordre de l'Eglise, a rappelé à MM. de l'Ordre du Tiers l'assurance qui leur fut donnée, le jour d'hier, d'entendre la lecture de leurs représentations aussi-tôt après qu'ils auroient nommé leurs Commissaires pour la chiffrature de la minute des Délibérations de la présente Tenue.

A quoi M. le Président du Tiers, au nom de son Ordre, a d'abord répondu : « Qu'il regardoit la Délibération qui nomme la Commission pour ladite chiffrature du Registre comme consommée par la signature faite par MM. les Présidens des Ordres, à la Séance du jour d'hier » ; & ayant ensuite pris les voix dans son Ordre, il a énoncé que MM. du Tiers demandoient la lecture de leurs Arrêtés.

Un membre de l'Ordre de la Nobleſſe a repréſenté que ladite Délibération n'étant pas conſommée, puiſque l'Ordre du Tiers n'avoit pas nommé ſes Commiſſaires pour ladite chiffrature, on ne pouvoit entendre la lecture deſdits Arrêtés.

Sur cette repréſentation, M. le Préſident du Tiers a dit, « Que cette Délibération étoit conſommée ou ne l'étoit pas; que dans le premier cas, ſon Ordre demandoit la lecture de ſes Arrêtés, & que dans le ſecond, il attendoit le retour du Courrier que MM. les Commiſſaires du Roi ont annoncé qu'ils alloient faire partir, ainſi que les ordres de Sa Majeſté ».

2 Janvier.

Les Etats n'ont pris aucune Délibération.

3 Janvier.

M. l'Abbé de Bon-Repos, pour lui & ſes Codéputés, a dit aux Etats:

MESSIEURS,

« Vous avez jugé qu'il importe également au ſervice du Roi, à celui de la Province, & à l'intérêt des Particuliers, que l'adminiſtration de la Commiſſion intermédiaire n'éprouve aucune ſuſpenſion, & vous avez en conſéquence prorogé ſes pouvoirs.

» Nous nous ſommes aſſemblés hier, conformément à vos ordres; mais l'abſence de nos Codéputés de l'Ordre du Tiers, ne nous a permis aucun travail.

» Les Réglemens exigent le concours des Commiſſaires des trois Ordres; nous nous ſommes bornés à nous faire repréſenter les lettres adreſſées à la Commiſſion; nous avons l'honneur de vous obſerver que dans le nombre de ces lettres, il peut y en avoir de relatives à des parties de ſervice qui ne ſont pas ſuſceptibles de retardement.

» Les Arrêts du Conſeil qui autoriſent la Commiſſion intermédiaire, lui attribuent une Juridiction excluſive à laquelle tous les Citoyens ſont obligés de recourir pour ce qui concerne les impofitions abonnées, le cafernement des Troupes, le payement de leur logement & de l'uftenfile, la fourniture de l'étape, les grands chemins, & autres objets qui lui font confiés.

« La Commiffion intermédiaire, confidérée fous tous fes rapports, ne peut interrompre fes Séances fans s'expofer à compromettre l'intérêt public & l'intérêt particulier, &c. »

M. l'Abbé de Coetmaloen, pour lui & fes Codéputés à la Commiffion intermédiaire de la Navigation, a dit enfuite, « que ladite Commiffion étant chargée de plufieurs affaires qu'il étoit auffi utile qu'intéreffant d'expédier, elle avoit également invité MM. fes Codéputés de l'Ordre du Tiers à fe réunir à eux, & que cette démarche avoit auffi été fans fuccès ».

M. l'Abbé de Bon-Repos a prié MM. de l'Ordre du Tiers d'autorifer leurs Commiffaire à concourir avec ceux des deux autres Ordres, pour l'expédition des affaires dont la Commiffion eft chargée; & Monfeigneur l'Evêque de Rennes leur ayant enfuite fait la même invitation, M. le Préfident du Tiers ayant pris les voix dans ſon Ordre, a dit, « que MM. de l'Ordre du Tiers étoient toujours diſpoſés à donner lecture de leurs Arrêtés ».

Les 4, 5, & 6 Janvier il n'a été pris aucune Délibération.

Du Mercredi 7 Janvier 1789.

Après la lecture & ſignature de la Séance du jour d'hier,

M. l'Abbé de Bon-Repos, au nom des Députés de la Commiſſion nommée pour l'examen de la liſte des Membres des trois Ordres qui compoſent la préſente Aſſemblée, a commencé le rapport du travail de cette Commiſſion; il a dit que, « dans l'examen des procurations données par les Communautés de Villes à leurs Députés, ils n'en avoient remarqué que cinq ſur leſquelles on pourroit élever des difficultés qui paroiſſent naître de leurs diſpoſitions contraires au Réglement des Etats du 31 Décembre 1774; qu'ils ont penſé que ces procurations devoient être ſoumiſes à la délibération & au jugement des Etats ». Ces procurations ſont celles données à leurs Députés par les Communautés des Villes de Redon, Vannes, Quimper, Hedé, Quintin. M. l'Abbé de Bon-Repos a ajouté, « que déjà l'un de ces Députés a retiré la procuration qu'il avoit déposée, afin d'en requérir une plus réguliere ; que si les autres Députés qui se trouvent dans le même cas, suivoient cet exemple, & requéroient des procurations nouvelles, les Etats seroient dispensés de prononcer sur la validité de leurs procuration.

Il a dit ensuite, que « la Ville de Morlaix, qui est dans le droit & la possession d'envoyer deux Députés, n'en avoit qu'un, parce que le second qu'elle avoit nommé, s'étoit excusé de venir à la Séance des Etats ».

Il a rendu compte d'une contestation élevée entre MM. le Sage & du Bois de Bosjouan, nommés l'un & l'autre successivement Députés aux Etats par des procurations données dans des Séances différentes de la Communauté de la Ville de Saint-Brieuc : il a dit, que « sur l'examen des raisons alléguées par chacun de ces deux Députés, pour soutenir respectivement la légalité de leur élection, la Commission a été d'avis que la procuration donnée au sieur le Sage, le 20 Octobre, devoit prévaloir, comme étant la seule légale; celle du sieur de Bosjouan, donnée le 24 Novembre, ne paroissant qu'une révocation injurieuse de la premiere, faite sans droit, & d'autant moins admissible, qu'elle contient d'ailleurs les mêmes clauses irrégulieres insérées dans les cinq premieres. En conséquence, la Commission propose aux Etats d'admettre aux Séances de la présente Tenue le sieur le Sage, à l'exclusion du sieur de Bosjouan, comme étant seul porteur de la procuration légale de la Ville & Communauté de Saint-Brieuc. Quant à l'agrégation donnée à l'un des Habitans de Saint-Brieuc, contenue dans l'acte de procuration donnée au sieur de Bosjouan, la Commission a été d'avis que la nullité & l'illégalité de la Procuration, rendant nulles toutes les dispositions qu'elle renferme, l'Agrégé auquel cette agrégation étoit accordée, devoit préalablement requérir de sa Communauté une agrégation plus réguliere, & conforme aux Réglemens des Etats ».

M. l'Abbé de Bon-Repos, par suite de rapport, a dit, que « la Commission a examiné les différens Arrêts de maintenue rendus par le Parlement, & produits par les Gentilshommes qui les ont obtenus, au soutien de leurs Inscriptions dans la liste de la Noblesse à la présente assise; que, d'après cet examen, la Commission est d'avis que ces Gentilshommes soient admis à avoir entrée, séance, & voix délibérative dans l'Ordre de la Noblesse, & que les Arrêts de maintenue qu'ils ont représentés, soient transcrits sur le huitieme volume de la réformation de la Noblesse, déposé au Greffe des Etats ». Ces Gentilshommes sont ceux dont les noms suivent, savoir;

M. Charles-Jean de Châteausur, inscrit dans l'Evêché de Léon, qui a représenté un Arrêt du Parlement, rendu le 16 Mars 1787, contradictoirement avec M. le Procureur-Général du Roi, & M. le Procureur-Gnéral-Syndic des Etats.

M. Louis-François de Châteaugiron, inscrit dans l'Evêché de Tréguier, & M. François-Augustin-Désiré de Châteaugiron, inscrit dans l'Evêché de

Rennes, qui ont repréſenté un Arrêt du Parlement, du 20 Août 1787, rendu ſur les concluſions de M. le Procureur-Général du Roi ; & de M. le Procureur-Général - Syndic des Etats, & obtenu par mondit ſieur Louis-François de Châteaugiron & ſes autres parens.

MM. René de Liger, Auguſtin-Charles de Rorthays de la Poupeliniere, Louis-Jean-Baptiſte Macé de Veaudoré, & Charles-Auguſtin-Hugues Macé de Veaudoré, inſcrit dans l'Evêché de Nantes ; René-Pierre de Ruſſi, Pierre de Ruſſi, Dominique-Julien Magon de Saint Elier, & Auguſte-Joſeph Baude de la Vieuville, inſcrit dans l'Evêché de S. Malo.

M. Armand-Jacques-Guillaume Gouyquet de Bocozel, inſcrit dans l'évêché de Quimper.

Et M. Alexandre-Auguſte Pioger, inſcrit dans l'Evêché de Rennes.

Leſquels treize derniers Gentilshommes ont également repréſenté des Arrêts de Maintenue en bonne forme, en date des 4 Juillet 1780, 14, 15 Avril, 11, 23, 24 Décembre 1788, 11 Avril 1772, & 17 Mai 1754 ; ce dernier Arrêt eſt un Arrêt d'attache.

MM. les Commiſſaires du Roi ayant fait demander à l'Aſſemblée d'envoyer vers eux l'un de MM. les Procureurs Généraux Syndics, M. du Boberil de Cherville s'y eſt rendu, par ordre des Etats, accompagné de M. de Botherel du Pleſſix, ſon Collegue; & de retour dans l'Aſſemblée, M. du Boberil de Cherville a dit aux Etats : « Que MM. les Commiſſaires du Roi lui avoient propoſé d'apporter à l'Aſſemblée un Arrêt du Conſeil, qui ſuſpendoit la Séance des Etats, juſqu'au 3 Février prochain ; qu'il s'eſt excuſé de ſe charger de cette commiſſion, les Réglemens des Etats n'impoſant, aux Procureurs-Généraux-Syndics, d'autres devoirs que d'annoncer aux Etats les demandes & propoſitions qui leur ſont faites au nom de Sa Majeſté, & non de leur notifier des Arrêts du Conſeil, deſtructifs de leur conſtitution, dont l'Edit de l'année 1579, & leurs charges expreſſes leur preſcrivent, au contraire, d'oppoſer l'exécution ». M. le Procureur-Général-Syndic a ajouté, « qu'il croyoit que, d'après ſon refus, MM. les Commiſſaires du Roi ſe diſpoſoient à ſe rendre à l'Aſſemblée ».

Après le compte rendu par M. le Procureur-Général-Syndic, MM. les Commiſſaires du Roi ayant fait prévenir les Etats qu'ils alloient y entrer, la Députation d'uſage s'eſt rendue au-devant d'eux, au bas du Théâtre. MM. les Commiſſaires du Roi ſont entrés, & ayant pris leurs places ordinaires, M. le Comte de Thiard, ayant fait un diſcours, a remis au Greffier des Etats un Arrêt du Conſeil d'Etat du Roi, en date du 3 Janvier, duquel il a ordonné qu'il fût fait lecture. Enſuite, prenant la parole, il a dit: « MESSIEURS, je vous prie de conſtater, ſelon vos uſages & vos formes ordinaires, la notification de cet Arrêt ».

Alors M. de Botherel du Pleſſix, l'un des Procureurs-Généraux-Syndics, s'eſt levé, & parlant au nom de MM. les Procureurs Généraux Syndics, a dit:

MONSEIGNEUR,

« DANS la circonſtance funeſte où le coup le plus terrible vient frapper les Etats, où ils ſe voient menacés de perdre l'exercice de leurs Droits, Franchiſes, & Libertés; à l'inſtant où l'autorité ſe déploie ſur tous les Ordres; & qu'au lieu de leur offrir une médiation ſalutaire, elle ne s'interpoſe entre eux que pour les ſéparer, & anéantir, peut-être, tous les principes de notre Conſtitution; les Procureurs-Généraux Syndics, dont le premier comme le plus ſacré des devoirs, eſt de manifeſter, en toute occaſion, leur parfait dévouement à l'intérêt commun, croiroient ſe manquer à eux-mêmes, & trahir la Nation, s'ils ne réclamoient contre des ordres tendans à ſuſpendre nos travaux, ou à diſperſer cette Aſſemblée ».

« De pareils ordres ne peuvent être que ſurpris, puiſqu'ils ſont en contradiction formelle avec l'eſprit & la lettre des contrats qui ont uni la Bretagne à la France, ou qui ont préparé & confirmé cette heureuſe alliance ». Le contrat de Mariage du Roi Louis XII & de la Ducheſſe Anne, porte, article premier: « Qu'en tant que touche de » garder & conduire le Pays de Bre- » tagne & Sujets d'icelui, en leurs » Droits, Libertés, Franchiſes, &c. au- » cune nouvelle Loi ou Conſtitution » n'y ſoit faite, fors en la maniere

» accoutumée, par les Rois & Ducs » prédécesseurs de notre Cousine la » Duchesse de Bretagne » : ajoutant le même contrat, art. 6, « que s'il ave» noit que de bonnes raisons, il y eût » quelque cause de faire mutation par» ticuliere, en augmentant, diminuant » ou interprétant lesdits Droits, Cou» tumes, Constitutions ou Etablisse» mens, que ce soit par le Parlement » & Assemblée des Etats dudit Pays, » ainsi que de tout temps est accou» tumé, & qu'autrement ne soit fait ». Lesquelles clauses & stipulations se trouvent expressément confirmées par différens articles du Contrat d'union passé à Vannes entre le Roi François Ier. & les Etats de la Province, comme aussi par l'art. 22 du Contrat renouvelé à toutes les Assises, & notamment à la derniere Tenue, entre les Etats & les Commissaires du Roi; lequel article porte: « Qu'aucuns Edits, Déclarations, Com» missions & Arrêts du Conseil, n'au» ront aucun effet, s'ils n'ont été con» sentis par les Etats ».

« Ce consentement des Etats étant reconnu & stipulé dans les termes les plus exprès, pour légitimer en Bretagne les ordres du Souverain, la conséquence néceſſaire qui en réſulte, n'eſt-elle pas évidemment qu'ils ſont ſurpris, lorſqu'au mépris de cette condition eſſentielle, non ſeulement ils introduiſent des changemens, réformes ou ſuppreſſions dans le régime des Etats; mais qu'ils arrêtent nos travaux, ſuſpendent le cours de nos Délibérations, & ſéparent notre Aſſemblée, avant même que l'on ait rien ſtatué ſur les grands objets que nous devons traiter »?

« Quand les Etats ſont réunis conformément à la convocation que le Roi lui-même en a faite, & qu'ils tiennent légalement leurs Séance, il eſt de toute juſtice que l'on attende le réſultat de leurs Délibérations, ſans ſe permettre de les empêcher, ni de les contraindre. Ce qu'on doit le plus reſpecter, c'eſt la liberté des ſuffrages; & tout acte par lequel on entreprendroit de la détruire, ne pourroit être enviſagé que comme une violation manifeſte de nos droits; auſſi tout appareil militaire, tout ce qui annonce ou fait ſoupçonner la contrainte, eſt-il abſolument proſcrit des lieux où ſe tiennent nos Aſſiſes ».

« Si,

» Si, d'après tous les titres qui unissent la Bretagne à la France, aucune Loi ne peut avoir d'effet dans la Province, sans le consentement préalable des Etats, comment, sans y avoir été délibéré, ni consenti, un simple Arrêt du Conseil pourroit-il suspendre ou retarder le cours de nos opérations, nous intimer arbitrairement l'ordre de nous séparer? Cet ordre, quelqu'en soit le prétexte, compromet évidemment l'existence politique de la Nation, & porteroit la plus sensible atteinte aux contrats & stipulations qui garantirent à jamais le droit public de cette Province ».

« Aucun motif ne sauroit justifier une pareille violence. On prétexteroit en vain la suspension momentanée de nos travaux. La liberté, la sagesse même, qui doivent présider aux arrêtés des Etats & en être l'ame, ne sont point incompatibles avec les lenteurs que peut entraîner quelquefois la maturité des Délibérations; & ces délais qui, dans plusieurs occasions, ont été réellement avantageux au maintien de la Constitution, ne peuvent jamais être de nature à la compromettre ».

» Pénétrés de respect & d'attachement pour les trois Ordres, le plus digne hommage que nous puissions leur rendre, est de consigner au milieu d'eux les vœux ardens & sinceres que nous ne cesserons de former pour cette réunion fortunée, qui fut & sera toujours la source du bonheur & de la prospérité commune. C'est à elle, MESSIEURS, que vous êtes redevables de cette force insurmontable, qui, dans la derniere crise de l'Etat, a sauvé la Province, & vous a mérité la reconnoissance de tous les François. Se pourroit-il qu'oubliant vos triomphes, vous parussiez vous diviser, au moment même où vous vous trouvez peut-être, plus intéressés que jamais à former entre vous le nœud le plus indissoluble? Non, MESSIEURS, non, vous ne détruirez point votre ouvrage; vous ne précipiterez point la chose publique dans un danger plus imminent encore que celui auquel vous venez de l'arracher. Enfans de la même Patrie, vous avez signalé pour elle des sentimens & un zele à toute épreuve; & la France entiere, en applaudissant à la fermeté de votre conduite, a sur-tout admiré le parfait accord de vos principes, & l'unanimité de vos efforts. Sera-t-il dit qu'à un ſpectacle ſi touchant & ſi beau, ſuccédera celui d'une diſſention funeſte? Accoutumés à vous eſtimer comme Citoyens, pourriez-vous ceſſer un moment de vous aimer comme frere? C'eſt au nom de la Patrie, c'eſt pour l'intérêt & la conſervation de cette mere commune, que, dans ce moment extrême, nous croyons devoir réclamer ce dévouement généreux dont vous lui avez donné des preuves ſi éclatantes & ſi glorieuſes. A peine quelques mois ſe ſont-ils écoulés depuis qu'uniquement ſenſibles à ſon bonheur & à ſa gloire, on vous a vus vous ſacrifier pour elle. Vous verra-t-on aujourd'hui, dans les nouveaux dangers qui la menacent, abjurer la ſainte union qui vous raſſembla pour ſa défenſe, & la ſacrifier à des intérêts que vous regretterez peut-être long-temps de n'avoir pas ſu concilier? N'aurez-vous ſi authentiquement prouvé tout ce que peut une Nation où régnent la concorde, le patriotiſme, & l'honneur, que pour vous ſéparer avec plus d'éclat, & déchirer, de vos propres mains, le pacte ſacré qui devoit aſſurer & garantir votre exiſtence ſociale »?

« C'eſt dans ce moment plus que jamais, que le péril effrayant de la choſe publique vous ſollicite & vous preſſe de rétablir, dans votre Aſſemblée, cette heureuſe harmonie qui en fit toujours la force, & ſans laquelle les Bretons ne peuvent que devenir le jouet infortuné des caprices & des révolutions du Miniſtere ».

« Nous requérons en conſéquence, pour l'intérêt du Roi pour l'intérêt public & national, pour celui des Etats, pour la conſervation des Droits, Franchiſes, & Libertés de la Province, qu'il ſoit unanimement proteſté contre les ordres ſurpris à la juſtice du Monarque, & ſignifiés à cette Aſſemblée; que, ſans y avoir égard, on continue d'examiner & de diſcuter toutes les affaires relatives au ſervice du Roi & de la Province ».

Après ce diſcours de M. le Procureur Général Syndic, MM. les Commiſſaires du Roi ſe ſont retirés de l'Aſſemblée, & ont été reconduits au bas du Théâtre par la Députation des Etats; & MM. les Députés de retour, ayant repris leurs places, pluſieurs Membres des Ordres de l'Egliſe & de la Nobleſſe, ont ſucceſſivement mis ſous les yeux de l'Aſſemblée, le tableau des malheurs dont la Province ſe trouvoit menacée, leſquels ne proviendroient que de l'inexécution des Réglemens des Etats. MM. de l'Ordre du Tiers ont été invités, de la maniere la plus preſſante, à rétablir l'union & l'harmonie de l'Aſſemblée, par l'obſervation des Réglemens, qui étoient autant leur ouvrage que celui des Ordres de l'Egliſe & de la Nobleſſe. On leur a en vain fait connoître le deſir de l'Aſſemblée, d'écouter leurs demandes, auſſi-tôt qu'il auroit été procédé aux Délibérations exigées avant toutes les autres par le Réglement. L'Ordre du Tiers perſévérant dans le refus de participer à la Délibération ſur laquelle les Ordres de l'Egliſe & de la Nobleſſe ont déjà énoncé leurs avis, les trois Ordres ſe ſont retirés du Théâtre, par convention, & ſans clorre la Séance.

Du 8 Janvier 1789.

Par continuation de la Séance du jour d'hier, les trois Ordres étant réunis ſur le Théâtre, un Membre de l'Ordre de la Nobleſſe a pris la parole; il a expoſé, dans le plus grand détail, la conduite tenue par les Ordres de l'Eglise & de la Nobleſſe; il a fait voir qu'elle étoit dictée par leur attachement aux Réglemens; il a fait connoître qu'elle ne pouvoit être différente ſans les violer; il a ajouté, que l'empreſſement des deux Ordres de l'Eglise & de la Nobleſſe, à entendre les demandes annoncées par le Tiers-Etat, n'éprouvoit de retardement que par l'inſiſtance de l'Ordre du Tiers à refuſer de ſe réunir aux deux Ordres, pour prendre des Délibérations préalables qui ne pourroient occuper que peu de momens.

M. le Préſident de l'Egliſe a parlé enſuite au nom de ſon Ordre; il a employé dans ſon diſcours, les moyens les plus perſuaſifs pour ramener le Tiers-Etat à une union précieuſe pour le bien public, & déſirée par l'Egliſe & la Nobleſſe; il a témoigné aux Membres de cet Ordre, combien il étoit fâcheux de les voir oppoſer, par leur propre fait, l'accompliſſement des charges qu'ils avoient reçues de leurs Communautés. Il a propoſé que les Ordres ſe retiraſſent dans leurs Chambres reſpectives, conventionnellement, uniquement pour diſcuter avec plus de liberté,

& par voie de conférence, tous les moyens de conciliation, qui, en réunissant les esprits, pourroient rendre l'activité à l'Assemblée. Il a invité M. le Président du Tiers, toujours au nom de l'Eglise, de faire connoître, sur cette proposition, les intentions de l'Ordre du Tiers.

M. le Président du Tiers a conféré avec tous les Membres de son Ordre, & a ensuite déclaré à l'Assemblée, que l'Ordre du Tiers n'entendoit prendre aucune part aux affaires des Etats, & avoit arrêté d'obtempérer à l'arrêt du Conseil apporté par MM. les Commissaires du Roi, à la Séance des Etats, le jour d'hier.

Alors M. le Président de l'Ordre de la Noblesse, adressant la parole à l'Ordre du Tiers, a dit (1) : « MESSIEURS, les Ordres de l'Eglise & de la Noblesse viennent de vous réitérer la détermination unanime sur laquelle ils n'ont jamais

(1) MM. les Commissaires, chargés par les Ordres de l'Eglise & de la Noblesse, de rédiger ces précis des séances, ont rapporté de mémoire les discours de M. le Président de l'Ordre de la Noblesse.

varié, d'entendre les demandes que vous êtes chargés, par vos Communautés, de faire aux Etats ».

» Vous avez déjà exécuté une partie des dispositions des réglemens qui prescrivent des délibérations préliminaires & indispensables ; vous avez concouru avec les deux autres Ordres à la délibérations des Etats qui nomme les Députés chargés d'aller au devant de MM. les Commissaires du Roi ; vous avez concouru avec les deux autres Ordres à la délibération qui nomme les Commissaires chargés de l'examen de la liste des Membres des Etats, inscrits dans cette séance. Le réglement prescrit de plus aux trois Ordres de nommer, le premier jour des Etats, la Commission qui doit chiffrer la minute des registres. Par quels motifs, après avoir observé plusieurs dispositions des réglemens, pourriez-vous refuser d'en exécuter d'autres non moins importantes ? Vous savez, Messieurs, que la chiffrature de nos minutes a été jugée utile & même nécessaire pour assurer la fidélité du procès verbal de nos séances ».

« Les Ordres de l'Eglise & de la Noblesse ont encore, selon l'usage, continué les pouvoirs des Commissions Intermédiaires, qui cessent de droit à l'ouverture des Etats, s'il n'y est pas pourvu par une nouvelle autorisation. Peuvent-ils supposer que vous persisterez à refuser de concourir à ces deux délibérations prescrites par l'usage, la nécessité, & les réglemens ? Vous ne pouvez penser, MESSIEURS, que la demande qui vous est faite, soit un prétexte saisi pour éloigner le temps où vous serez admis à donner lecture de vos demandes. L'Ordre de la Noblesse, toujours disposé à vous entendre, en attend de vous le moment, & désire qu'en accédant à l'avis des deux autres Ordres sur les deux délibérations prises, vous ne suspendiez pas plus long-temps l'activité de l'Assemblée : il me charge de prier M. le Président du Tiers de prendre votre avis ».

Un Membre de l'Ordre de la Noblesse a dit ensuite : « Que MM. de l'Ordre du Tiers, en refusant de nommer la Commission de la chiffrature, & en fournissant, par ce refus, un prétexte au Gouvernement de suspendre les Etats, s'exposent à retarder d'un mois la lecture de leurs demandes, que les deux premiers Ordres s'étoient engagés à écouter aussi-tôt que cette Commission seroit nommée ; que, par cette conduite, ils agissent directement contre la volonté des municipalités, qui paroissent désirer que leurs demandes soient connues des Etats le plus promptement possible ». Il a ajouté, « qu'il a remarqué dans l'arrêt du Conseil, un article qui doit inspirer les plus vives inquiétudes ; que le Roi y déclare que les Impôts ne seront demandés à la Bretagne que pour un an, tandis que les Etats sont dans l'usage de les consentir pour deux années ; qu'un tel changement, lorsqu'on fait attention au déficit annoncé dans les finances, prépare évidemment une surcharge d'impôts dans la Province mais qu'on doit parer à un danger plus grand encore, d'après le systême d'uniformité dans les impôts, depuis long-temps projeté par le Ministre ; qu'on lui connoissoit la volonté d'étendre, sur la Bretagne, cet impôt désastreux dont elle est exempte, & qui est sur-tout accablant pour le Peuple ; qu'il est à craindre qu'on ne veuille réaliser, dès l'année prochaine, ce projet funeste ; qu'il prie en conséquence MM. du Tiers d'oublier, s'il est possible, les intérêts du Clergé & de la Nobleſſe, moins inquiets des attaques portées à leurs droits, que du danger qui menace la Province entiere, & les convie de ſe réunir aux deux premiers Ordres pour défendre le Peuple, en réſiſtant à l'Arrêt du Conſeil qui vient d'être notifié, & en ſe préparant, par leur union, à repouſſer les maux dont la Province paroît menacée ».

M. le Préſident de la Nobleſſe, s'adreſſant de nouveau à MM. du Tiers, leur a dit : « Vous ne pouvez vous diſſimuler, MESSIEURS, que la ſuſpenſion de notre adminiſtration, ſeroit auſſi nuiſible au ſervice du Roi qu'aux intérêts de la Province. Vous ne voudrez pas livrer le Peuple aux malheurs qui ſeroient la ſuite funeſte de cette interruption. Vous voulez, MESSIEURS, retourner vers vos Communautés ; elles vous demanderont ſi vous avez donné connoiſſance aux États des repréſentations qu'elles vous avoient chargée de leur faire. Je ſuis perſuadé de la ſincérité avec laquelle chacun de vous leur répondra ».

« Vous leur direz que les Ordres de l'Egliſe & de la Nobleſſe, rempliſſant les formes exigées indiſpenſablement par les réglemens, ont nommé des Commiſſaires pour chiffrer la minute du regiſtre où devoient être conſignées les délibérations à prendre ſur leurs demandes; que vous vous y êtes refuſés. Vous ne leur diſſimulerez pas l'utilité d'une Commiſſion ſur laquelle ſe repoſent les Etats pour ſurveiller la fidélité des rédactions & des inſcriptions de leurs délibérations. Vous leur direz, que les deux autres Ordres ont continué les pouvoirs de leurs Commiſſaires Intermédiaires, & vous ne leur laiſſerez pas ignorer la preſſante néceſſité de perpétuer l'activité de deux Commiſſions dont le Roi attend les ſervices, & qui ſont chargées de l'adminiſtration de la Province, dans tous ſes détails, du gouvernement des finances publiques, de la levée des impôts, & du ſalaire d'une multitude conſidérables d'ouvriers qui ne peuvent que ſouffrir beaucoup du retardement d'un payement que ſollicitent la juſtice & leurs beſoins ».

« Vous leur direz, que les Ordres de l'Egliſe & de la Nobleſſe vous ont conſtamment réitéré l'aſſurance de vous entendre, lorſque vous auriez concouru avec eux à deux délibérations auſſi importantes, & qui devoient, ſelon les réglemens, précéder vos demandes ».

« Ne craignez-vous pas, MESSIEURS, que vos Communautés ne désapprouvent le retardement que vous aurez apporté à l'accomplissement de vos charges »?

« Si ces Communautés, ici présentes entendoient les instances que nous vou faisons ; non, je n'en doute pas, MESSIEURS, elles vous enjoindroient, à l'instant, d'exécuter les réglemens, en prenant ces deux délibérations auxquelles succéderoit aussi-tôt le rapport des représentations qu'elles désirent proposer à la délibération des Etats ».

Toutes ces tentatives des deux premiers Ordres ne paroissant pas changer les dispositions du Tiers-Etat, chacun des Membres des Ordres de l'Eglise & de la Noblesse se sont effrayés sur le danger auquel est exposée la Constitution. Ils ont remarqué avec étonnement, que, tandis que le Roi n'annonçoit qu'une suspension momentanée des Etats, l'Ordre du Tiers, par son refus d'autoriser les Commissaires Intermédiaires à continuer leurs fonctions, se proposoit d'arrêter absolument, & dès le moment présent, tout le service public, & de faire cesser la marche de l'administration de la

Province ; ce qui forceroit l'autorité, dès le lendemain de la suspension des Etats, de recourir à des mesures qui ne peuvent être prises qu'avec les Etats, à moins de violer les droits de la Province & les contrats les plus solennels ; ce qui rend l'exécution de l'arrêt du Conseil inconciliable avec l'intérêt public.

Alors un Membre de l'Ordre de la Noblesse, a dit : « Vous ne pouvez donc vous le dissimuler, MESSIEURS ; la Bretagne est menacée de voir détruire son Assemblée Nationale. La conduite des Membres du Tiers qu'ils n'ont voulu, jusqu'à présent, justifier ni défendre, paroît liée au projet de changer & la constitution des Etats Généraux, & la constitution ancienne des Etat Provinciaux ; & c'est dans votre sein même, que, par de tristes moyens, on en cherche des prétextes. Eh ! MESSIEURS, quelles seront les suites de ces entreprises contre nos droits, franchises, & libertés ? Est-il un Gentilhomme qui voulût s'associer à une administration qui seroit élevée par d'odieuses manœuvres sur les ruines de notre ancienne Constitution ? Liés par l'honneur, liés par le ferment de nos ancêtres, par les nôtres; à défendre la patrie, ses droits, ses franchises, ses libertés, jusqu'à la derniere goutte de notre sang ; c'est ici le moment de nous remettre ces fermens sous les yeux. Dévoués jusqu'à la mort à la défense de la Monarchie, voilà le premier, le plus précieux de nos droits; celui qu'on ne nous ravira jamais.

A l'instant même, tous les Gentilshommes ont renouvelé par acclamation le serment de demeurer inséparablement liés & unis pour la défense de la Constitution, & de la conserver, sans céder à des ordres évidemment surpris, en bons & loyaux sujets & serviteurs du Roi; déclarant, sur la foi invariable de leur serment, qu'ils n'entreront jamais dans aucune administration publique, autre que celle des Etats, formée & réglée selon la Constitution actuelle & les réglemens de cette Assemblée, & qu'ils n'y coopéreront jamais par leur présence, ni d'aucune autre maniere quelconque.

Après ce serment, le même Gentilhomme adressant la parole à MM. du Tiers, leur a dit, « MESSIEURS, les fermens que vous venez d'entendre, ces fermens, conservateurs de vos droits, comme de ceux de la Nobleſſe, ne doivent plus vous laiſſer de doutes ſur les dangers auxquels votre inaction & votre refus de concourir à nos Délirations, expoſent la Bretagne, ſi vous perſiſtez à vouloir obtempérer à l'Arrêt du Conſeil. Je vous conjure, pour l'intérêt du Peuple, qui vous eſt cher comme à nous, d'ouvrir les yeux ſur tant de dangers, & de vous réunir aux deux premiers Ordres, pour exécuter les Réglemens ».

M. le Préſident de la Nobleſſe a dit, « MESSIEURS, je me croirois heureux, ſi les obſervations que j'ai faites à l'Aſſemblée, & plus particulierement à MM. de l'Ordre du Tiers, pouvoient fixer votre attention ſur des malheurs qui doivent affliger les cœurs des bons Citoyens. A combien d'hommes dans l'infortune aurons-nous, dans la ſuite, à répondre d'une conſtitution qui les auroit protégés, qui étoit redoutée par les Traitans avides; d'une conſtitution qui éclairoit la juſtice ſur tous les abus? MESSIEURS du Tiers, ſi les ſentimens de patriotiſme qui vous animent & qui vous ſont communs avec les deux autres Ordres, vous portoient dans

cet

cet instant à concourir avec nous aux moyens de rétablir entre les Ordres une union de laquelle peut dépendre le sort de la Bretagne, vous pourriez, en conséquence de la proposition faite par l'Ordre de l'Eglise, vous retirer aux Chambres, pour rechercher des moyens de conciliation. Vous vous y êtes refusés jusqu'à présent; mais connoissez-vous les moyens qui vous seront proposés? Mais ne désirez-vous pas, comme nous, d'en trouver qui puissent nous retirer d'une position malheureuse?

» Si vous croyez devoir obtempérer à l'Arrêt du Conseil, pensez qu'il ne nous interdit pas, avant que vous y obtempériez, le droit si naturel de faire entendre de justes représentations contre ses dispositions. Réunissez-vous aux deux autres Ordres, pour supplier Sa Majesté de retirer cet Arrêt. J'ose espérer, MESSIEURS, que le Roi, satisfait de voir l'union renaître entre les Ordres, ne se refusera pas à retirer un Arrêt dont cette union, bien cimentée, anéantira tous les prétextes, & vous offrirez à Sa Majesté des moyens de faire éclater sa justice bienfaisante ».

M. le Président de l'Ordre de l'Eglise, a uni les instances de son Ordre aux instances de l'Ordre de la Noblesse; il a engagé MM. du Tiers à bien réfléchir sur les vrais intérêts des Peuples; il leur a observé qu'en obtempérant à l'Arrêt du Conseil, ils porteroient atteinte à la liberté des Etats. Il les a engagés à imiter la conduite de M. le Député de Quimper, non pour demander à leurs Villes des Procurations nouvelles, puisque, d'après le rapport de la Commission, il est vérifié que toutes leurs procurations, à quatre près, sont régulieres; non pour se faire dispenser d'exécuter leurs charges, mais pour se délier des gênes qui lient leur activité. Il leur a dit, « que les deux Ordres de l'Eglise & de la Noblesse rechercheroient tous les moyens de se rapprocher d'eux ». Il a invité M. le Président du Tiers à prendre de nouveau l'avis de son Ordre.

M. le Président du Tiers ayant pris les voix, a dit, que son Ordre persistoit dans ses précédentes déclarations.

Dans cette position, un Membre de l'Ordre de la Noblesse a dit, « que les deux Ordres de l'Eglise & de la Noblesse avoient, par devers eux, le témoignage consolant d'avoir tenté toutes les démarches qui auroient dû rappeler l'Ordre du Tiers à l'observation des regles conservatrices du Droit National; que l'Ordre du Tiers, en déclarant vouloir obtempérer à un Arrêt du Conseil, destructif de ce Droit, à un Arrêt rendu sur un faux exposé, & évidemment surpris à la justice du Roi, abandonnoit la chose publique, que le zele & le courage des deux autres Ordres pouvaient seuls désormais conserver; il a en conséquence proposé de mettre en délibération, si, d'après les motifs ci-devant rapportés, l'Ordre de la Noblesse voudroit obtempérer à l'Arrêt du Conseil, conformément à l'avis du Tiers; ou bien s'il ne croiroit pas n'y devoir aucunement obtempérer, & de s'occuper des affaires des Etats, sans désemparer.

« La proposition ayant été mise en Délibération dans l'Ordre de la Noblesse, tous les Gentilshommes, d'une voix unanime, ont déclaré qu'ils n'y obtempéreroient jamais ».

M. le Président de la Noblesse, après l'énonciation de l'avis de son Ordre, a invité, au nom de la Noblesse, MM. de l'Ordre de l'Eglise de délibérer sur la proposition sur laquelle le Tiers & la Noblesse avoient énoncé leur avis. Le Président de l'Eglise a pris les voix, & énonçant l'avis de l'Eglise, a dit, que « l'Eglise, d'une voix unanime, étoit d'avis de réclamer contre l'Arrêt du Conseil, & de s'occuper sans discontinuation ni interruption, de la rédaction de fortes & respectueuses Remontrances, pour éclairer la justice du Roi, & de continuer de solliciter jusqu'au retrait dudit Arrêt ».

L'Ordre de la Noblesse ayant le désir de se réunir à l'avis de l'Ordre de l'Eglise, un Membre de la Noblesse a prié M. le Président de l'Eglise de faire connoître si l'intention de son Ordre, en proposant de travailler à des Remontrances sans interruption, étoit de s'en occuper, avec la détermination de ne point désemparer de la Salle des Etats, selon l'avis de la Noblesse ; il a même été alors proposé de rester aux Etats, Séance tenante. M. le Président de l'Eglise ayant déclaré que l'avis unanime de son Ordre étoit de ne point désemparer, & de rester Séance tenante ; l'Ordre de la Noblesse étant revenu à l'avis de l'Eglise, tel qu'il a été énoncé & expliqué, en conséquence, à la pluralité des avis des Ordres de l'Eglise & de la Noblesse, & à l'unanimité dans chacun des Ordres, M. le Président de l'Ordre de l'Eglise, a prononcé la Délibération des Etats, ainsi qu'il suit :

« Les Etats ont ordonné & ordonnent que, Séance tenante, & sans désemparer, ils réclameront contre l'Arrêt du Conseil du 3 Janvier, & travailleront sans interruption aux fortes & respectueuses Remontrances qu'ils ont arrêté de présenter à Sa Majesté, pour obtenir de sa justice le retrait dudit Arrêt, & persévéreront dans leurs réclamations, jusqu'à ce qu'il soit retiré ».

Après cette Délibération, un Membre de la Noblesse ayant représenté que le serment que les Gentilshommes avoient énoncé dans cette Séance, devoit être prononcé dans la forme ordinaire des Etats, par la bouche du Président, & inscrit dans le procès verbal de la Séance, l'Ordre de la Noblesse, d'une voix unanime, a prié M. le Président de prononcer, au nom des Gentilshommes, cet engagement inviolable & sacré : à quoi déférant, M. le Président de la Noblesse a prononcé ce serment solennel de l'Ordre entier de la Noblesse, en répétant mot pour mot les termes dans lesquels il a été ci-dessus exprimé; à quoi l'Ordre de la Noblesse a répondu *Oui*, avec une acclamation unanime. Alors M. le Président de la Noblesse a dit : « MESSIEURS, j'ai énoncé votre serment; je vous prie de recevoir le mien ».

Un Membre de l'Ordre de l'Eglise ayant pris la parole, a dit, « Que l'Ordre de l'Eglise, en la présence duquel l'Ordre de la Noblesse venoit de prendre un engagement aussi patriotique, étoit pénétré des mêmes sentimens de vénération, d'attachement, & de respect pour la Constitution de la Bretagne; qu'il avoit certainement le même désir que celui de la Noblesse, de manifester ses sentimens, & de rendre cet hommage public au sein de l'Assemblée; qu'il prioit en conséquence, M. le Président de l'Eglise de recueillir les voix de l'Ordre ».

M. le Président de l'Eglise, ayant pris les voix, a énoncé l'avis de son Ordre, ainsi qu'il suit :

« MM. de l'Ordre de l'Eglise, d'une voix unanime, prennent l'engagement solennel, qu'aucun Membre dudit Ordre ne prendra de part à aucune administration inconstitutionnelle, & ne concourra à aucun changement quelconque, qui n'auroit pas été délibéré & consenti par les trois Ordres des Etats ».

MM. de l'Ordre du Tiers ont été invités à nommer les Commissaires de la chiffrature, afin de concourir à la rédaction du procès verbal de tout ce qui s'est fait & délibéré dans la Séance du jour d'hier, prolongée jusqu'à ce jour; & M. le Président de la Noblesse ayant demandé à M. le Président du Tiers de prendre les voix de son Ordre, M. le Président du Tiers ayant pris les voix, a dit, « que l'Ordre du Tiers persiste à ne vouloir prendre part à aucunes Délibérations ». Sur ce refus, les Ordres de l'Eglise & de la Noblesse ont chargé les Commissaires qu'ils ont nommés pour la chiffrature du registre, de rédiger le procès verbal de ladite Séance.

M. le Président de l'Eglise a dit : « Que MM. les Commissaires du Roi venoient de lui faire remettre une lettre du Roi, adressée aux Etats; que lui & M. le Président de la Noblesse avoient été aussi honorés d'une Lettre de Sa Majesté ».

Il a été fait lecture de ces Lettres.

La Lettre de Sa Majesté aux Etats, contenant des témoignages honorables du Roi pour l'Assemblée des Etats, & des assurances de sa satisfaction de leur fidélité & de leur affection à son service, un Membre de l'Ordre de la Noblesse a représenté, qu'il est intéressant de prendre une Délibération pour en ordonner l'enregistrement, ainsi que de celles adressées à MM. les Présidens des Ordres de l'Eglise & de la Noblesse.

La matiere mise en Délibération, M. le Président du Tiers a dit, « Que son Ordre persistoit dans ses précédentes déclarations ». Les Ordres de l'Eglise & de la Noblesse ayant été d'avis que ces Lettres fussent enrégistrées dans le procès verbal de la Séance de ce jour, les Etats en ont ordonné l'enregistrement, ainsi qu'il suit :

« Très-chers & bien amés, nous avons appris avec plaisir que vous nous aviez accordé, avec tout le zele & l'empressement que nous pouvions désirer, le Don Gratuit qui vous a été demandé en notre Nom, & nous sommes bien aise de vous témoigner la satisfaction que nous avons de cette nonvelle marque de votre fidélité & de votre affection; comme aussi de vous assurer que nous ne désirons rien tant que de procurer à nos Sujets de notre Pays &

Duché de Bretagne, le soulagement & les avantages qu'ils peuvent espérer de notre bonté; & n'étant la présente à autre fin, nous ne vous la ferons plus longue. Donné à Versailles, le 3 janvier 1789. *Signé* LOUIS; *& plus bas*, LAURENT DE VILLEDEUIL; & pour suscription, à nos très-chers & bien amés, les Gens des trois Etats de notre Province de Bretagne ».

« Monseigneur l'Evêque de Rennes, j'ai vu avec satisfaction, par votre Lettre, que ma Province de Bretagne m'avoit accordé le Don Gratuit que je lui avois fait demander. L'empressement que les trois Ordres de la Province ont témoigné à ce sujet, m'est un nouveau gage de leur attachement à ma Personne. Je ne doute pas que l'Ordre que vous présidez, après avoir profité de cette occasion pour me convaincre, de plus en plus, de sa fidélité, ne soit empressé à m'en donner constamment des preuves pendant tout le temps que durera l'Assemblée. Sur ce, je prie Dieu qu'il vous ait, Monseigneur l'Evêque de Rennes, en sa sainte garde. Ecrit à Versailles, le Janvier 1789. *Signé*, LOUIS; & pour suscription, à Monseigneur l'Evêque de Rennes ».

« Mon Cousin, je ne doutois point que les Trois Ordres de ma Province de Bretagne ne s'empressassent à me donner une nouvelle preuve de leur fidélité & de leur attachement à ma Personne, en m'accordant le Don Gratuit que je leur ai fait demander. Je connois trop les sentimens de l'Ordre que vous présidez, pour ne pas être assuré que le même esprit qui l'a animé dans cette occasion, continuera à influer sur ses Délibérations pendant tout le cours de l'Assemblée. Vous pouvez d'avance lui témoigner la satisfaction que j'en ressentirai. Sur ce, je prie Dieu, qu'il vous ait, mon Cousin, en sa sainte & digne garde. Ecrit à Versailles, le Janvier 1789. *Signé*, LOUIS; & pour suscription, à mon Cousin le Comte DE BOISGELIN ».

M. l'Abbé de Bon-Repos, au nom de MM. les Commissaires Intermédiaires, a fait le rapport d'une Requête du nommé le Sourd, qui réclame 888 l. pour des réparations faites, par ordre de la Commission, aux Cazernes de cette Ville. Il se plaint de ne pouvoir obtenir d'Ordonnance de payement, depuis huit jours, du Bureau de MM. les Commissaires; que cependant une partie de cette ſomme eſt le ſalaire qu'il doit diſtribuer à de pauvres manœuvres qu'il a employés, qui périſſent de miſere & de beſoin eux & leurs familles; il ſupplie les Etats d'ordonner leur payement.

M. le Préſident de l'Egliſe a ajouté; qu'il y avoit actuellement au Secrétariat de la Commiſſion ſoixante lettres non ouvertes, à raiſon de la ceſſation du travail, cauſée par le défaut de préſence des Commiſſaires de l'Ordre du Tiers aux Séances de la Commiſſion.

Un Membre de la Commiſſion de la Navigation a repréſenté, que l'Ordre du Tiers, en ſuſpendant l'activité de la Commiſſion, par le refus qu'il a fait de continuer les pouvoirs des Commiſſaires intermédiaires, expoſoit la ville de Rennes à être privée de la navigation pendant l'hiver; que cette navigation ne pourroit avoir lieu, s'il ſurvenoit quelques réparations indiſpenſables à faire aux ouvrages, comme il arrive pendant tous les hivers, & ſur-tout lors de la débâcle des glaces; qu'il ne pourroit pas évaluer le tort qui en réſulteroit dans une année de grande conſommation, & pendant laquelle on n'avoit pu tirer encore de Redon aucuns approviſionnemens; mais qne dans les Séances de la

Commiſſion, il avoit ſouvent entendu évaluer à près de cent mille écus, par MM. les Commiſſaires de l'Ordre du Tiers, habitans de Rennes, le préjudice qui réſulteroit, pour cette Ville, d'être privée de la navigation pendant l'hiver.

Au moment où les Etats s'occupoient des moyens de parer à tant de maux, réſultant de l'abſence des Commiſſaires de l'Ordre du Tiers des Commiſſions intermédiaires, un Membre de l'Ordre du Tiers a dit: « Meſſieurs, vous devez remarquer que la retraite des Députés des Villes, de la Séance des Etats, eſt déjà effectuée en grande partie; ceux des Députés encore préſens croient devoir déférer au vœu de l'Ordre, & obtempérer à l'Arrêt du Conſeil du 3 Janvier. Ils prient en conſéquence M. leur Préſident de ſe retirer ». Dans ce moment, l'univerſalité des Membres du Tiers s'eſt retirée; M. le Préſident du Tiers les a ſuivis en ſilence.

Telles ont été, juſqu'à ce jour, les Séances des trois Ordres aux Etats préſentement convoqués par Sa Majeſté; l'objet des deux Ordres, de l'Egliſe & de la Nobleſſe, en donnant de la publicité aux actes de ces Séances, n'eſt point de reprocher à MM. du Tiers leur conduite; ils ne ſont point leurs Juges, & les trois Ordres, égaux en pouvoirs, ne reconnoiſſent d'autorité au-deſſus d'eux, que les Réglemens & la protection que leur doit l'Autorité Royale (1); mais ces deux Ordres doivent de plus compte de leur conduite à la Nation, dont ils traitent les plus grands intérêts. C'eſt ce compte qu'ils ont arrêté de rendre public par la voie de l'impreſſion, peu inquiets des accuſations anonymes par leſquelles on cherche à ſoulever le Peuple contre eux. Ils gémiſſent des diviſions qui troublent ſa tranquillité, & ils reſtent dans l'Aſſemblée avec la ſécurité qui naît de l'accompliſſement de leurs devoirs: bientôt l'amour du bien public y rappellera ſans doute les Députés des Villes, & cet heureux retour à l'ordre affermira les droits de la Nation, & concourra à ſon bonheur.

---

(1) Déjà les Ordres intimés au Tiers par MM. les Commiſſaires de Sa Majeſté, & le compte qu'ils en ont rendu au Roi, lui ont fait connoître que la conduite des deux premiers Ordres eſt irrépréhenſible.

RÉPONSE DU ROI

DONNÉE aux Députés du Parlement de Bretagne, le 25 janvier 1789.

EN faisant connoître mes résolutions à ma Province de Bretagne par un Arrêt de mon Conseil, j'y ai témoigné que j'étois satisfait de la conduite de mon Parlement.

Il peut être assuré de mes bontés & de ma protection, toutes les fois qu'il s'occupera des moyens propres à maintenir le bon ordre & la tranquillité publique.

Je lui ferai adresser des Lettres patentes sur l'Arrêt de mon Conseil, & je compte qu'il continuera à me donner des témoignages de son zele & de sa vigilance, en remplissant ses devoirs avec la même sagesse dont il vient de donner des preuves.

Je répondrai incessamment aux représentations de mon Parlement; je désire que vous puissiez promptement retourner à Rennes y porter le bon esprit dont vous avez donné des preuves dans le cours de votre mission.

www.ingramcontent.com/pod-product-compliance
Ingram Content Group UK Ltd.
Pitfield, Milton Keynes, MK11 3LW, UK
UKHW012104240726
13965UKWH00004B/1518